Ulrike Seeger u. a.

Zusammen feiern
Kommunion & Konfirmation

Einladungen · Tischkarten · Kerzen

Inhalt

- 6 Karten selbst gestalten
- 8 Kerzen selbst gestalten

- 10 Schillernde Fische
- 14 Lebensbaum
- 16 Bunte Dreiecke
- 18 Regenbogen
- 20 In Gelb-Orange
- 24 Rote Streifen
- 26 Christliche Symbole
- 28 In Orange-Lila
- 30 Edles Kreuz
- 34 Halleluja

- 36 Gegen den Strom
- 38 Kelch des Lebens
- 40 In Braun-Türkis
- 44 Schwimmende Fische
- 46 Kleine Schiffe
- 48 Glitzerndes Kreuz

- 50 Vorbereitung des Festes
- 52 Texte & Zitate
- 54 Christliche Symbole
- 55 Vorlagen

- 62 Impressum

Ein ganz besonderer Tag

Mit der Kommunion oder der Konfirmation beginnt ein neuer Lebensabschnitt Ihres Kindes. An diesem Tag wird es im Mittelpunkt der Aufmerksamkeit stehen, sowohl innerhalb der Familie als auch in der Kirchengemeinde.

Es ist ein schöner Brauch, für dieses Fest Einladungen, Tisch- und Menükarten sowie festliche Kerzen persönlich zu gestalten. Bei diesen Vorbereitungen können Sie alle Familienmitglieder mit einbeziehen und Ihre Familie auf dieses wichtige Ereignis einstimmen.

Wir möchten Ihnen mit diesem Buch einige Anregungen geben, wie Sie klassische, verspielte, elegante oder moderne Karten anfertigen können. Dafür stehen auch die verschiedenen christlichen Motive wie das Kreuz, der Fisch oder der Kelch für Sie zur Auswahl. Suchen Sie doch einfach gemeinsam mit Ihrem Kind die Vorschläge aus, die Ihnen am besten gefallen. Durch die Anleitungen und Fotos sind sie schnell und leicht nachgearbeitet.

Jetzt wünschen wir Ihnen noch viel Freude beim Gestalten der Karten und Kerzen, Ihnen und Ihrem Kind vor allem aber auch ein rundum gelungenes Fest mit unvergesslichen Erinnerungen!

Ihre Autorinnen

Karten selbst gestalten

Karten & Papier
Karten mit farblich passenden Kuverts sind im Handel in verschiedenen DIN-Formaten erhältlich. Die Größen beziehen sich auf fertige Doppelkarten.
Wer die Karten selbst herstellen möchte, kann Tonkarton (160 g/m²) zuschneiden und mithilfe von Lineal und Falzbein falzen. Die meisten Papiere gibt es in Bögen in DIN A4 oder größer zu kaufen. Alle Einlegepapiere für Texte können nach eigenem Geschmack (z. B. Transparentpapier, farbiges Papier, 100 g/m²) ausgesucht werden. Jedes Einlegepapier sollte kleiner als die Karte geschnitten und eingeklebt werden.

Kleben
Zum Kleben von Karton genügt ein normaler Alleskleber. Für Papiere jeglicher Art, vor allem für transparentes Papier, 3 mm starkes transparentes, doppelseitiges Klebeband verwenden. Möglichst immer vom Kartenanfang bis -ende kleben. Oder das Klebeband an verdeckten Stellen anbringen, z. B. an der Rückseite der Karte. 2 x 2 mm große Abstandhalter ergeben einen dreidimensionalen Effekt. Bei Papieren, die mit Wärme in Verbindung kommen, eignet sich Creapop Klebeband. Bänder, Sizoflor und Sizoweb am besten mit transparentem, flüssigem Bastelkleber oder mit transparentem, doppelseitigem Klebeband fixieren.

Vorlagen übertragen
Zum Übertragen der Vorlagen Transparentpapier auf das gewünschte Motiv legen und mit einem weichen Bleistift nachfahren. Das Transparentpapier umdrehen und auf das Bastelpapier legen, die Konturen noch einmal nachfahren. Die Bleistiftlinie drückt sich ab.

Schablonen erstellen
Gerade bei vielen Einladungskarten lohnt sich das Erstellen einer Schablone. Dazu das vorgezeichnete Transparentpapier auf festen Karton kleben und ausschneiden. Die Schablone auf das Bastelpapier legen und mit dem Bleistift umfahren.

Stanzer
Mit Motiv-Stanzern lassen sich gut Streuartikel für die Tischdeko herstellen. Sollen Quadrate oder Kreise an bestimmten Stellen aus Karten gestanzt werden, empfiehlt es sich, von hinten zu stanzen, um genau zu sehen, wo das Stanzmesser schneidet. Dazu zuerst eine Schablone von der jeweiligen Vorlage aus 160-g-Papier anfertigen und diese auf der Vorderseite der Karte mit ein bis zwei Büroklammern fixieren. Dann den Stanzer mit der Stanzfläche nach oben unter dem Papier an der vorgesehenen Stelle richtig positionieren. Nun entweder den Stanzer samt Karte nach unten auf den Tisch oder mit der Hand den Hebel nach oben drücken.

Hilfsmittel
Folgende Hilfsmittel sollten Sie bereitlegen:
- schnittfeste Bastelunterlage
- Cutter
- Bleistift
- Radiergummi
- Geodreieck/Lineal
- Bastelschere
- transparentes, doppelseitiges 3-mm-Klebeband
- flüssiger Bastelkleber
- evtl. Falzbein
- evtl. Lochzange

Embossingtechnik

Für das Stempeln in der Embossingtechnik werden ein spezieller Embossingstift (mit transparenter Flüssigkeit zum Schreiben von Namen etc.) oder ein Pigment-Stempelkissen sowie Embossingpulver in der gewünschten Farbe und außerdem ein Toaster benötigt.

1 Die Position des Abdrucks auf der Karte markieren. Mit dem Stempelkissen leicht den Stempel betupfen, bis dieser gleichmäßig mit Farbe überzogen ist. Dann das Motiv an der markierten Stelle aufstempeln.

2 Den feuchten Stempelabdruck großzügig mit Embossingpulver in der gewünschten Farbe bestreuen. Dabei fällt Pulver auch neben den Stempelabdruck, das macht aber nichts. Die Stempelfarbe einige Minuten einwirken lassen.

3 Überschüssiges Pulver in die Dose zurückschütten. Darauf achten, dass keine Pulverkörnchen außerhalb des Motivs haften, falls doch, diese mit einem Pinsel entfernen.

4 Die einpulverisierte Fläche über dem Toaster erhitzen, damit sich das Pulver einbrennt. Dafür die Kartenseite mit dem Motiv nach oben auf den Brötchenaufsatz des Toasters legen. Glänzt die Oberfläche, ist der Vorgang beendet. Kurz trocknen lassen.

Tipp Ist der Stempel größer als das Stempelkissen, den Stempel von verschiedenen Seiten benetzen, bis die gesamte Motivfläche gut befeuchtet ist.

1

2

3

4

Kerzen selbst gestalten

Grundkerzen
Kerzen sind in vielen verschiedenen Farben und Formen im Fachhandel erhältlich. Bitte qualitativ hochwertige Kerzen kaufen, die meist etwas teurer sind. Denn nur dann kann man sicher sein, dass die Kerzen gleichmäßig und nach innen abbrennen und nicht rußen.

Wachsplatten
Wachsplatten gibt es einfarbig, marmoriert oder mit verschiedenen Mustern (z. B. Blätter, Sterne, Blüten). Sie sind etwa 10 x 20 cm groß und 1 mm dick.

Zierwachsstreifen
Zierwachsstreifen eignen sich gut, um ein Motiv einzufassen und ihm so einen Rahmen zu geben. Die Wachsstreifen sind in verschiedenen Breiten in Gold und Silber erhältlich. Es gibt Rund-, Flach- und Perlstreifen.

Wachsmotive
Es werden auch fertige Wachsmotive, wie zum Beispiel Tauben, Tauben oder Kreuze, im Fachhandel angeboten. Sie setzen hübsche Akzente und erleichtern die Arbeit erheblich.

Klarlack
Ist die Kerze fertig gestaltet, kann sie mit einem speziellen Schutzlack besprüht werden. Dieser Klarlack verhindert Fingerabdrücke, die Kerze vergilbt nicht so schnell und glänzt schön gleichmäßig.

Schriftzüge
Der Handel bietet Buchstaben und Ziffern aus Wachs an. Alternativ Zierstreifen, Goldfolie oder KerzenPens verwenden. Auch Klebebuchstaben oder -zahlen (Konturensticker) sehen gut aus, sie brennen allerdings nicht mit ab.

So geht's

1 Die Vorlage mit Bleistift auf Transparentpapier pausen. Das Transparentpapier umdrehen, auf die Rückseite der Wachsfolie legen, die Konturen mit Bleistift nachfahren und so auf das Wachs übertragen.

2 Das Wachsmotiv auf eine Schneideunterlage legen und mit dem Cutter oder mit einer spitzen Nadel ausschneiden. Dabei das Messer gerade halten!

3 Die Kerze mit Küchenrolle gut abreiben. Die ausgeschnittene Wachsfolie mit Handwärme auf der Kerze anbringen. Im Arbeitsraum sollte es etwa 25° C warm sein. Ist das Wachs zu kalt, haftet es nicht auf der Kerze. Ist es zu warm, klebt es auch an den Fingern und ein Arbeiten ist nur schwer möglich.

4 Die Wachsstreifen ebenso auflegen. Zum Anbringen von Aufschriften gibt es verschiedene Möglichkeiten: Im Fachhandel sind fertige Buchstaben und Ziffern aus Wachs erhältlich, Sie können sie aber auch selbst aus dünnen Streifen einer Wachsplatte oder aus schmalen Rundstreifen formen. Außerdem können mit Goldfolie Namen oder Zahlen direkt auf die Kerze übertragen werden, dazu die Folie einfach mithilfe eines Kugelschreibers durchdrücken.
Klebeschriften ganz einfach auf die Kerze kleben.

5 Wer möchte, kann die fertige Kerze mit Klarlack besprühen. Dazu am besten nach draußen gehen.

Hilfsmittel

Folgende Hilfsmittel sollten Sie bereitlegen:
- Cutter
- Schneideunterlage
- Transparentpapier
- Bleistift
- Lineal
- Küchenrolle

Tipps

- Beim Stanzen von Wachsfolien auf kühle Temperaturen achten. Den Motivstanzer und die Wachsfolien am besten einige Zeit vorher in den Kühlschrank legen. Das Papier vor dem Stanzen abziehen.
- Beim Verzieren von runden und flachen Kerzen Schaumfolie unterlegen. Bei dreieckigen Kerzen ein weiches Kissen und auf der niedrigeren Seite zusätzlich Schaumgummi oder Folie als Stütze verwenden.

Schillernde Fische

Tischdeko

Fische in beiden Größen aus Resten stanzen, einige aufeinanderkleben und als Tischstreu auf dunkelblaues Sizowebband (30 cm breit) legen. Maigrünes Papier, DIN A4, in regelmäßigen Abständen darunter platzieren. Eine **Glasvase**, 9 x 15 cm, mit fünf großen Fischen in Pearlblau 3,5 cm vom unteren Rand entfernt mit Abstandhaltern verzieren und mit ca. 100 g Glitterperlen in Grasgrün befüllen. 70 cm lange Satinbänder, 3 mm breit, in Dunkelblau und Grasgrün leicht versetzt um das Glas legen, verknoten und auf dem Tisch auslaufen lassen. Kleinköpfige Blumen hinzufügen. Dazu passen quadratische **Kerzen** auf Glastellern.

Karten

- Papier in Grasgrün, Dunkelblau, 160 g/m², DIN A4
- Doppelkarte in Dunkelblau, 10 x 21 cm, 12 x 17 cm
- Briefumschlag in Grasgrün, DIN Lang
- Papier in Grasgrün, 100 g/m², DIN A4
- Stempel „Wir feiern meine Kommunion", „Menü"
- Embossingstempelkissen in Klar
- Embossingpulver in Petrol mit Glitter
- Pearlpapier in Blau, DIN A4
- Motivstanzer „Fisch", 3,8 cm, 2,5 cm
- Abstandhalter, 2 x 2 cm
- Gelschreiber in Dunkelblau

Menükarte

Den Menü-Stempel in der Embossingtechnik auf 8 x 17 cm großes 160-g-Papier in Grün anbringen und dieses 1 cm vom rechten Rand entfernt auf der blauen Doppelkarte fixieren. Zwei große Fische gleichmäßig aus einem 8 x 3 cm großen Pearlpapierstreifen stanzen. Den Streifen ca. 1,5 cm vom unteren Rand entfernt auf dem grünen Papier fixieren und kleine Glitzerfische mit Abstandhaltern hinzufügen (s. Einladung). Zwei große grüne Fische nach Abbildung auf der Karte anbringen und die Glitzerfische leicht versetzt mit Abstandhaltern hinzufügen. Grasgrünes 100-g-Papier als Einlagepapier verwenden.

Einladung

Den Stempel in der Embossingtechnik auf grasgrünes 160-g-Papier, 15 x 10 cm, arbeiten und dieses 0,5 cm vom rechten Rand entfernt auf die blaue Doppelkarte kleben. Drei große Fische aus dem gleichen Papier stanzen und gleichmäßig verteilt links auf der Doppelkarte fixieren. Drei große Fische gleichmäßig verteilt aus einem 15 x 3 cm großen Streifen Pearlpapier ausstanzen und diese mit Abstandhaltern leicht versetzt auf den grünen Fischen anbringen. Den Pearlpapierstreifen ca. 1 cm vom unteren Rand entfernt auf dem grünen Papier fixieren. Drei kleine pearlfarbene Fische ausstanzen und mit Abstandhaltern in die ausgestanzten Fische kleben (s. Abbildung). Den Einladungstext auf grasgrünes 100-g-Papier schreiben.

Tischkarte

Dunkelblaues Papier, 7,5 x 10 cm, oben nach 3 cm falzen. 5 x 7 cm großes Papier in Grasgrün 0,5 cm vom rechten Rand entfernt aufkleben. Einen großen Fisch aus einem 5 x 3 cm großen Pearlpapierstreifen stanzen, den Streifen 1 cm vom unteren Rand entfernt auf dem grünen Papier fixieren und einen kleinen Fisch in Pearl mit Abstandhaltern hinzufügen. Mit Gelschreiber beschriften.

Kerze

· Kerze in Weiß, oval, 235 x 65 mm
· Wachsplatten in Silber, Hellgrün
· Wachsmalfarben in Azurblau, Silber
· Stempel „Pax"
· Stempelkissen in Blau
VORLAGE A, Seite 55

Kerze

Eine hellgrüne Wachsplatte, 4,5 x 11,5, zuschneiden, Wachsfarbe in Azurblau und wenig Silber auftragen und mit einem Zahnstocher flach verstreichen. Mit dem Stempel das dreiteilige Motiv auf weißes Papier stempeln, unter eine Folie (Prospekthülle) legen und mit Wachsmalfarben mit einer Feinmaldüse nachmalen. Dabei dürfen in den Linien keine Lücken entstehen, damit sich das getrocknete Motiv in einem Stück anziehen lässt. Nach dem Trocknen die gemalten Motivteile auf eine silberne Wachsplatte, 3 x 10 cm, auflegen, diese mit einer hellgrünen Platte, 4,5 x 11,4 cm, hinterlegen und mit der bereits bemalten Wachsplatte versetzt auf der Kerze anbringen. Einen Fisch (Vorlage A) zuschneiden und platzieren.

Lebensbaum

Karten
- Doppelkarte in Grasgrün, 12 x 17 cm, 14,8 x 21 cm
- Briefumschlag in Grasgrün, B6
- Papier in Chamois, Dunkelbraun, 100 g/m², DIN A4
- Vivantband in Crème, 70 mm breit, 42 cm
- Motivstanzer „Welle", 25 x 25 mm
- Motivstanzer „Baum"
- Filzstift in Braun
- Stempel „Einladung zur Konfirmation", „Köstlichkeiten für Euch"
- Embossingstempelkissen in Transparent
- Embossingpulver in Dunkelbraun
- Embossingstift in Transparent

VORLAGE B, Seite 57

Einladung
Von der Vorderseite der 12 x 17 cm großen Doppelkarte 3,5 cm abschneiden. Die Karte quer legen und mit dem Wellen-Stanzer mehrere Wellenquadrate direkt aneinanderstanzen. Darauf achten, dass beidseitig 2 cm und unten 1 cm Rand stehen bleiben und die Wellen fortlaufen. Die unteren Wellen mit braunem Stift und Lineal nachfahren, dabei innen ein Papier unterlegen. 17 cm Vivantband hinter die Öffnung kleben und mit dem abgeschnittenen grünen Papierstreifen von hinten verstärken. Braune Bäume ausstanzen und auf dem Band fixieren. Den Einladungsstempel in der Embossingtechnik mit braunem Pulver mittig auf dem längeren Teil der Karte anbringen, dazu die Stelle eventuell mit Bleistift markieren. Beim Bedrucken der Einlegekarte in Chamois auf Format und Größe, 16,4 x 18,7 cm, achten, nicht mittig knicken.

Menükarte
3 cm von der Rückseite der 14,8 x 21 cm großen Doppelkarte und 4,5 cm von der Vorderseite abschneiden. Mithilfe der Schablone (Vorlage B) und des Wellenstanzers vier Quadrate von hinten nach vorn stanzen (s. Seite 6). Weiterarbeiten wie bei der Einladung, aber den anderen Stempel verwenden. Beim Einlegepapier, 22,5 x 20,5 cm, auch auf die Einteilung achten.

Tischkarte
7 x 10,5 cm großes grünes Papier an der kurzen Seite nach 3,5 cm falzen. Die Namen von Hand mit dem Embossingstift schreiben und in der Embossigtechnik braun einfärben. Den Ausschnitt rechts und links mit je 1 cm, unten mit 1,5 cm anbringen, den unteren Rand braun färben und mit Vivantband und Papier in Chamois, je 6,5 x 4 cm, hinterkleben. Zwei braune Bäume hinzufügen.

Tischdeko
Für das **Windlicht**, 9 x 15 cm, acht Bäume gleichmäßig verteilt aus 28,5 x 4 cm großem braunen Papier stanzen. Zuerst Vivantband in Creme, 29 x 7 cm, ca. 5 cm vom unteren Rand entfernt mit Creapop-Klebeband um das Windlicht kleben, dann Transparentpapier in Kiwigrün, 29 x 4,5 cm, mittig hinzufügen und die Baumleiste bündig fixieren. Granulat in Creme einfüllen und eine grasgrüne Kerze, 5 x 10 cm, hineinstellen.

Als **Tischband** dunkelbraunes Vlies, 30 cm breit, verwenden und mit Granulat in Creme bestreuen. Ausgestanzte braune Bäume mit Abstandshaltern auf Wellenquadrate aus grünem 160-g-Papier kleben und als **Streuteile** verwenden. Dazu sieht eine aufgeschüttelte **Japanserviette** in Blütenform, 35,5 x 35,5 cm, dekorativ aus, die an der Gabel festgeklemmt wird.

Bunte Dreiecke

Karten
- 2 Papiere in Gelb, Hellgrau, 160 g/m², DIN A4
- Papier in Hellblau, Mittelblau, Grasgrün, Lila, 100 g/m², DIN A4
- Briefumschlag, quadratisch, 16,4 x 16,4 cm
- Stempelkissen Versa Mark
- Embossingpulver in Transparent
- Stempel „Einladung", Menü
- Filzstift in Blau

VORLAGEN C1, C2, Seite 56/57

Einladung

Von dem Umriss der Vorlage C1 eine Schablone für die gelbe Innenkarte schneiden, von dem schraffierten Dreieck eine Schablone für die graue Karte. Beide Papiere jeweils in der Mitte falten, die jeweilige Schablone auflegen und die Dreiecke ausschneiden. Jeweils 2,5 cm breite Papierstreifen (Lila: 16 cm, Grasgrün: 13 cm, Mittelblau: 10,5 cm lang) und einen 2,8 x 8 cm großen Streifen in Hellblau anfertigen und nacheinander auf das graue Dreieck kleben, dabei 0,5 cm von der Falz entfernt beginnen. Überstände einfach schräg abschneiden. Nach Belieben quer einen schmalen gelben, 0,5 cm breiten Papierstreifen hinzufügen, die Position ist auf der Vorlage vermerkt. Alles auf der gelben Karte fixieren. Den Stempel in der Embossingtechnik mit Versa-Mark-Kissen und transparentem Pulver arbeiten.

Menükarte

Die Menükarte wie die Einladung, aber mit Schablonen von Vorlage C2 anfertigen. Die Streifen, bis auf den hellblauen, sind 2,5 cm breit, aber unterschiedlich lang: Lila: 20 cm, Grasgrün: 17 cm, Mittelblau: 13 cm und Hellblau: 9,5 cm. Der hellblaue Streifen hat auch hier eine Breite von 2,8, cm. Den Stempel „Menü" verwenden.

Tipp

Am besten die Streifen jeweils aus einem DIN-A4-Bogen anfertigen. Dann reicht es auch für die Menü und Tischkarten.

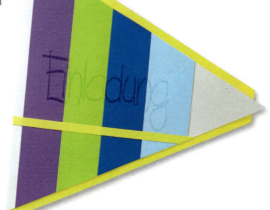

Kerze
- Kerze in Weiß, oval, 235 x 65 mm
- Wachsplatten in Gelb, Hellgrün, Flieder, Hellblau, Mittelblau
- Zierstreifen in Silber, 1 mm, 2 mm

VORLAGE C3, Seite 57

Tischkarte
Graue Papierreste (ungleiches Dreieck) jeweils zusammenfalten zu einem kleineren Dreieck, dabei können die Größen auch variieren. Papierstreifen in den bekannten Farben aufkleben. Einen 2,5 cm breiten gelben Streifen blau beschriften und quer aufkleben. Die Streifenränder sauber abschneiden.

Kerze
Die Motivteile aus den Wachsplatten zuschneiden (Vorlage C3). Den senkrechten, silbernen Zierstreifen, 2 mm breit, mittig auf der Kerze auflegen, die übrigen Motivteile nacheinander anbringen. Die Dreiecke mit 1-mm-Zierstreifen umranden. Den Schriftzug aus Zierstreifen, 1 mm breit, legen.

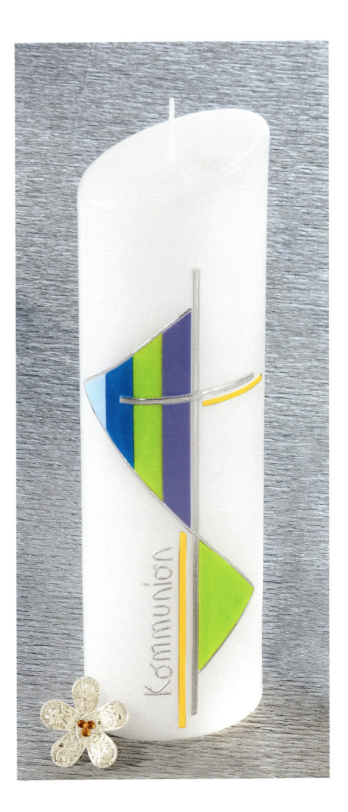

Regenbogen

Karten
- Doppelkarte in Blau, 12 x 17 cm, 14,8 x 21 cm
- Briefumschlag, 13 x 18 cm
- Papier in Hellblau, Rot, Orange, Gelb, Dunkelgrün, Pacific, Dunkelblau, Aubergine, 100 g/m², DIN A4
- Motivstanzer „Kreis", 38 mm Ø
- Stempel-Sortiment „christliche Motive"
- Stempel „Einladung zur Kommunion", „Menü"
- Embossingstempelkissen in Silber
- Abstandhalter, 3 mm hoch, 5 x 5 mm

VORLAGEN D1, D2, Seite 61

Einladung

Mithilfe einer Schablone von Vorlage D1 einen hellblauen Halbkreis anfertigen. Die Doppelkarte öffnen und 1,5 cm von der Vorderseite abschneiden – die Karte quer legen und den Bogen mit 0,3 cm Abstand zur Kante aufkleben. Die Symbole in Silber auf die sieben farbigen Papiere stempeln, dabei am besten jedes Motiv gleich mehrmals mit Abstand auf die gleiche Farbe stempeln, dann die Motive ausstanzen. Die Kreise nach Abbildung leicht überlappend aufkleben. In den Halbkreis den Einladungs-Stempel drucken. Beim Einlegepapier in Orange, 22,5 x 17 cm, darauf achten, dass es versetzt gefalzt wird – rechts 0,5 cm breiter.

Menükarte

Mit einer Schablone von Vorlage D2 einen Bogen in Hellblau ausschneiden und diesen quer auf die Doppelkarte kleben, dabei ragt der Bogen 2 cm über die Öffnung der Karte hinaus. Die schon gestempelten Kreise gleichmäßig verteilt mit Abstandhaltern aufkleben. Den Menü-Stempel in Silber im Halbbogen hinzufügen. Die Ecken der Karte mithilfe der Schablone rund schneiden, dazu einfach die Schablone an der Karte ansetzen, ebenso beim Einlegepapier.

Tischkarte mit Serviette

Das Innere der Menü-Schablone als Schablone für die Tischkarte nehmen. Die gerade Seite nach 3 cm falzen. Pro Namenskarte drei unterschiedlich gestempelte Kreise etwas versetzt aufeinanderkleben (s. Abbildung). Die Namen mit einem blauen Stift schreiben. Eine Serviette in Mittelblau, 33 x 33 cm, einmal öffnen, die rechte Hälfte so mit der oberen Kante nach innen auf die mittlere Faltlinie legen, dass sich zwei Rundungen ergeben. Den linken Teil einrollen. Die Serviette hinstellen.

Tischdeko

Zu dem Regenbogen passen eine kräftige gelbe Decke und ein mittelgrünes, 30 cm breites Fliesband. Stumpenkerzen, 3,5 x 4 cm, in Teelichtgläsern greifen die Regenbogenfarben auf. Bunte, bestempelte Kreise dienen als Streuteile.

Kerze
- Scheibenkerze in Weiß, 13 cm hoch, 14 cm Ø
- Wachsfolien in Sonnengelb, Regenbogen
- Wachs-Zierstreifen in Gold, 1 mm, 2 mm
- Klebebuchstaben, -zahlen in Gold

VORLAGE D3, Seite 60

Kerze

1 Die Motiveinzelteile nach Vorlage D3 aus der entsprechenden Wachsfolie zuschneiden und nach Abbildung in der Farbfolge des Regenbogens auf der Kerze anbringen, dabei schließen die Enden der Regenbogenfläche oben und unten direkt mit dem Kerzenrand ab. Die Sonne direkt auf der Fläche platzieren und den farbigen Halbkreis aufdrücken.

2 Die Regenbogenfläche mit 1-m-Zierstreifen einfassen und nach rechts hin mit 2-mm-Zierstreifen verstärken. Ebenfalls mit 2 mm breiten Zierstreifen die Sonne umranden. Die Strahlen in unterschiedlicher Länge andeuten, hierfür erneut 1 mm breite Zierstreifen verwenden. Name und Datum mit Klebebuchstaben und -zahlen anbringen.

Tischdeko

24 cm langes weißes Satinband, 10 mm breit, jeweils mittig um ein **Windlicht**, 7 x 10,5 cm, kleben. Darauf drei farbige Quadrate mit Creapop-Klebeband fixieren. Das Windlicht mit klaren Glaslinsen füllen und eine Stumpenkerze, 5 x 5 cm, hineinstellen, dabei die Farben abwechseln.

Als **Tischband** 7 cm breites Organzaband in Orange auf weißer Tischdecke verwenden und dieses mit **Quadraten** in verschiedenen Farben verschönern. Wassergläser als **Vase** in gehäkelte Säckchen stellen und mit passenden Blumen bestücken.

Einladung

Von Vorlage E1 und E2 je eine Schablone anfertigen. Die Schablone E1 mit Büroklammern vorn auf gelbem Papier, 5 x 17 cm, die Schablone E2 vorn auf orangefarbener Strohseide, 7 x 15,5 cm, fixieren. Mit dem Quadratstanzer die drei Quadrate von unten ausstanzen. So kann man genau sehen, ob die freie Fläche jeweils getroffen wird (s. Seite 6). Die Papiere ca. 1,5 cm vom linken Rand entfernt auf die weiße Karte kleben, dabei die Strohseide mittig anbringen. Drei Quadrate in Orange (160-g-Papier) ausstanzen, je ein Symbol in der Embossingtechnik hinzufügen und die Quadrate mit Abstandhaltern versetzt auf die Quadrate der Karte kleben. Den Einladungs-Stempel mittig in gleicher Technik auf Transparentpapier, 4 x 15,5 cm, arbeiten, dann das Papier fixieren. Satinband an der Kante des Transparentpapieres aufkleben. Das Innenleben mit Transparentpapier in Orange gestalten.

Karten

- Doppelkarten in Weiß, 12 x 17 cm, 14,8 x 21 cm
- Briefumschlag B6
- Papier in Gelb, 100 g/m², DIN A4
- Strohseidenpapier in Gelb-Mandarin, DIN A4
- Papier in Mandarin, 160 g/m², DIN A4
- Motivstanzer „Quadrat", 2,6 x 2,6 cm
- Satinband in Orange, 3 mm breit, 38 cm
- Transparentpapier in Weiß, 180 g/m², DIN A4
- Stempel „Einladung zur 1. Heiligen Kommunion"
- Stempelsortiment „Symbole"
- Embossingstift in Klar
- Embossingstempelkissen in Transparent
- Embossingpulver in Silber
- 2 Transparentpapiere in Orange, DIN A4
- Abstandhalter, 2 x 2 mm
- Stift in Orange
- Organzaband in Gelb, 38 mm breit, ca. 50 cm
- Servietten in Mandarin, 40 x 40 cm

VORLAGEN E1–E4, Seite 58/59

Menükarte

Je eine Schablone nach Vorlage E3 und E4 anfertigen. Mit der Schablone E3 wie oben beschrieben vier Quadrate aus gelbem Papier, 6,5 x 21 cm, mit Schablone E4 vier Quadrate aus gelb-mandarinfarbener Strohseide, 7,5 x 20 cm, ausstanzen. Das gelbe Papier 2,5 cm vom linken Rand entfernt auf die weiße Karte kleben. Die Strohseide versetzt nach Abbildung hinzufügen. In jedes Quadrat mit dem Embossingstift einen Buchstaben von „Menü" schreiben und silbern einfärben. Drei ausgestanzte orangefarbene Quadrate mit den Symbolen in der

Embossingtechnik versehen und mit Abstandhaltern versetzt fixieren (siehe Abbildung). Satinband hinzufügen. Die Speisenabfolge auf Transparentpapier in Orange drucken.

Kerze
- Kerze in Weiß, 6 x 20 cm
- Wachsplatten in Orange, Weiß, Gelb, Gold
- Motiv „Taube" in Weiß

VORLAGE E5, Seite 58

Kerze
Alle Motivteile nach Vorlage E5 ausschneiden und der Abbildung entsprechend auf der Kerze anbringen. Die weiße Taube auf dem mittleren Quadrat hinzufügen.

Tischkarte mit Serviette
Die Serviette einmal mittig zu einem Rechteck falten, unten zweimal 2,5 cm breit hin und her falten (Ziehharmonika) und hinten mit gelbem Band zusammenbinden. Für die Tischkarte aus einem 5 x 21 cm großen Papierstreifen in Gelb oder Gelb-Mandarin gleichmäßig vier Quadrate stanzen, dann die Enden zusammenkleben. Je ein Quadrat in Gelb und Orange versetzt auf das erste offene Quadrat kleben, darüber den Namen schreiben und die Tischkarte in den Falz der Serviette stecken.

Rote Streifen

Einladung & Menükarte

Eine Schablone von Vorlage F1 anfertigen. Diese mit Büroklammern auf der Vorderseite der Karte fixieren und mit dem Schlitzstanzer von der Innenseite her die Schlitze ausstanzen, da man so sieht, was ausgestanzt wird. Mit dem Bordürenstanzer eine Bordüre aus 160-g-Papier ausstanzen und das Papier mit der ausgestanzten Bordüre als Schablone nach Abbildung auf die Stege legen. Die Bordüre mit dem silbernen Gelstift nachziehen. Erst jetzt die roten Streifen hindurchziehen: links einen Streifen aus Strohseide und Maulbeerbaumpapier, 0,5 x 15,7 cm groß, in der Mitte je einen 0,5 x 9 cm großen Streifen aus Perlmuttpapier in Weinrot und Maulbeerbaumpapier und rechts zusätzlich einen 1 x 15,7 cm großen Streifen aus Perlmuttpapier in Weinrot.

Karten
- 2 Doppelkarten in Weiß, 15,7 x 15,7 cm
- Briefumschlag in Weiß oder Rot, 16,4 x 16,4 cm
- 2 Transparentpapiere in Weiß, DIN A4
- Transparentpapier, 180 g/m², DIN A4
- Perlmuttpapier in Weinrot, DIN A4
- Maulbeerbaumpapier in Rot, DIN A4
- Strohseidenpapier in Weinrot, DIN A4
- Papier in Weiß, 160 g/m², DIN A4
- Stempel „Herzliche Einladung zur Konfirmation", „Menükarte"
- Embossingstempelkissen in Transparent
- Embossingpulver in Weinrot
- Bordürenstanzer, Schlitzstanzer
- Gelstift in Silber, Filzstift in Rot

VORLAGEN F1, F2, Seite 58/59

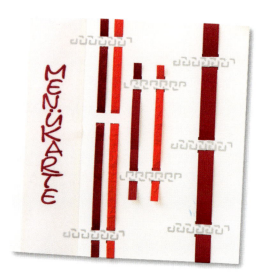

Den Stempel jeweils in der Embossingtechnik in Weinrot auf 4 x 15,7 cm großes 180-g-Transparentpapier arbeiten und das Papier mit 1 cm Abstand vom linken Rand auf die Karte kleben. Weißes transparentes Einlegepapier verwenden.

Tischkarte

Für die Tischkarte eine Schablone, 7,5 x 10,5 cm von Vorlage F2 anfertigen, diese auf dickes weißes Papier übertragen und bei den Balken mithilfe des Schlitzstanzers die Schlitze anbringen.

Die Karte nach 3 cm an der kurzen Seite falzen. Die Bordüre wie oben übertragen, dann einen Papierstreifen aus Strohseide, 0,5 x 9 cm, und einen aus Maulbeerbaumpapier, 0,5 x 5,5 cm, durch die Schlitze ziehen. Mit rotem Stift beschriften.

Tipp Gleich mehrere lange Papierstreifen in allen Farben als Tischstreu auf dem Tisch verteilen – sieht interessant aus.

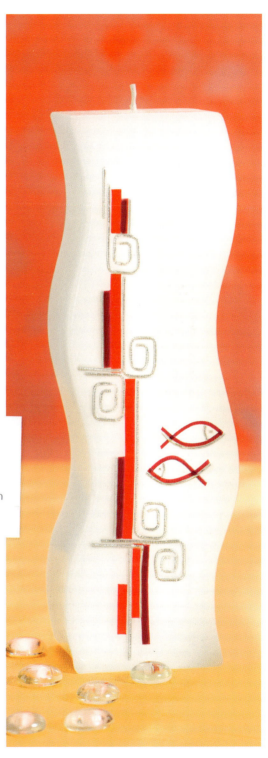

Kerze
· Wellen-Kerze in Weiß, 24 x 7 x 7 cm
· Wachsfolien in Weinrot, Karminrot
· Wachs-Zierstreifen in Silber, 1 mm, 2 mm
VORLAGE F3, Seite 60

Kerze

Wein- und karminrote Wachsfolie nach Vorlage F3 in Streifen schneiden und auf der Kerze anbringen, dabei von oben nach unten arbeiten. Zwischen bzw. links und rechts der Streifen Spiralen aus 2-mm-Zierstreifen legen. Dann die Streifen entsprechend der Abbildung mit 1-mm-Zierstreifen einfassen. Die Fische aus 2 mm breiten Wachsstreifen in Weinrot legen und mit Zierstreifen ausarbeiten.

Christliche Symbole

Einladung
Pfirsichfarbenes Papier, 21 x 20 cm oben und unten nach je 5 cm nach vorn falten. Symbolpapier, 10 x 22 cm, überlappend zusammenkleben, flach drücken und die Karte einschieben. Dreimal den Schriftzug „Einladung zur Kommunion" aus dem Textpapier schneiden und die Streifen nach Belieben horizontal direkt und vertikal mit Abstandhaltern auf der Banderole festkleben. Dazu passt transparentes Einlegepapier in Chamois.

Menükarte
20 x 11 cm großes Perlmuttpapier 3,5 cm vom unteren Rand entfernt auf die Karte kleben. Drei Wellen zwischen den silbernen Linien aus 20 cm breitem transparenten Symbolpapier schneiden und unten und rechts bündig auf dem Perlmuttpapier fixieren. Dreimal das Wort „Kommunion" aus dem Textpapier ausschneiden und nach Belieben direkt oder mit Abstandhaltern am linken Rand der Karte aufkleben (s. Abbildung). Den Menü-Sticker abziehen und hinzufügen. Als Einlegepapier Papier in Pfirsich verwenden.

Karten
- Papier in Pfirsich, 160 g/m², DIN A4
- Briefumschlag in Orange oder Pfirsich, DIN Lang
- Transparentpapier in Chamois, DIN A4
- Kreativpapier „Symbole", DIN A4
- Text-Kreativpapier „Einladung zur Kommunion", DIN A4
- Doppelkarte in Pfirsich, 10 x 21 cm
- Papier in Pfirsich, 100 g/m², DIN A4
- Perlmuttpapier in Flieder, DIN A4
- Kreativpapier „Symbole" in Transparent, DIN A4
- Peel-off-Sticker „Menü" in Silber
- Abstandhalter, 2 x 2 mm
- Filzstift in Lila
- Serviette in Pfirsich, 33 x 33 cm

Kerzenbanderole
Zwei 19 cm lange Wellen aus dem Kreativpapier ausschneiden und mittig auf pfirsichfarbenes 160-g-Papier, 19 x 8,5 cm, aufkleben. Die Enden mit kleinen Klammern zusammentackern und nach Belieben auf beiden Seiten das ausgeschnittene Wort „Kommunion" aufkleben. Eine hohe Kerze hineinstellen.

Serviettenhalter
Eine pfirsichfarbene Serviette rechts mittig mit dem Filzstift in Lila beschriften und einrollen. Eine Papierrolle mit 4 cm Durchmesser aus Kreativpapier, 5 x 20 cm, kleben, restliches Papier überstehen lassen und die Serviette in die Rolle schieben.

In Orange-Lila

Karten
- Doppelkarte in Lila, 15,7 x 15,7 cm, 10 x 21 cm
- Briefumschlag in Lila oder Orange, 16,4 x 16,4 cm
- 2x Transparentpapiere in Orange, DIN A4
- Schriftpapier in Transparent, DIN A4
- Satinband in Lila, Orange, 3 mm breit, je 62,5 cm
- Papier in Orange, Lila, 160 g/m², DIN A4
- Stempel „Einladung zu meiner Konfirmation", Menü"
- Embossingstempelkissen in Transparent
- Embossingpulver in Silber
- Abstandhalter, 2 x 2 mm
- Gelschreiber in Silber

Einladung

Schriftpapier, 12,5 x 14,5 cm = 3 Schriftfelder, mittig auf die Doppelkarte kleben. Einen Transparentpapierstreifen in Orange, 4 x 15,7 cm, auf dem mittleren Schriftzug fixieren. Den Streifen links mit lilafarbenem und rechts mit orangefarbenem Band begrenzen, dabei die Bänder jeweils oben überstehen lassen und nach innen umlegen. Auf Papier in Lila, 6 x 6 cm, den Stempel „Einladung" in Silber in der Embossingtechnik arbeiten und auf ein Quadrat in Orange, 7 x 7 cm, kleben. Dieses mit Abstandhaltern 2,3 cm vom unteren und 4,4 cm vom linken Rand entfernt auf der Karte fixieren. Transparentpapier in Orange als Einlegepapier verwenden.

Menükarte

Schriftpapier, 8,5 x 23,5 cm = 2 Schriftfelder, unten bündig und seitlich mit 0,8 cm Rand auf die Doppelkarte, 10 x 21 cm, kleben. Das Papier oben 1 cm überstehen lassen, dann nach innen wölben und fixieren. Orangefarbenes Transparentpapier, 4 x 23,5 cm, über das linke Schriftfeld kleben und links mit orangefarbenem und rechts mit lilafarbenem Satinband, je 23,5 cm lang, begrenzen. Den Menü-Stempel in der Embossingtechnik mit Pulver in Silber auf Papier in Lila, 5 x 4 cm, arbeiten, mit Papier in Orange, 6 x 5 cm, unterlegen und mit Abstandhaltern nach Wunsch auf der Karte fixieren. Als Einlegepapier eignet sich hier Transparentpapier in Orange.

Tischkarte

Papier in Lila, 7 x 20 cm, auf der kurzen Seite zur Hälfte falzen. Schriftpapier, 4,5 x 13 cm = 1 Schriftfeld, unten bündig und links 0,4 cm vom Rand entfernt aufkleben. Transparentpapier in Orange, 2,5 x 13 cm, rechtsbündig darauf fixieren und mit Satinbändern in Lila und Orange begrenzen. Die Transparentpapiere nach hinten wölben und 1 cm weit aufkleben, die Satinbänder laufen auf der Rückseite bis ans Kartenende. Die Namen mit einem Silberstift schreiben.

Tischdeko

Zu diesen Karten sieht Vliesband in Silber, 30 cm breit, sehr edel als **Tischläufer** auf weißem Untergrund aus. Eventuell Glaslinsen in Transparent hinzufügen. Die **Servietten** in Silber, 33 x 33 cm, einmal öffnen und wie eine Ziehharmonika hin- und herfalten. Silberne Drahtbälle, 3 cm Ø, dienen als **Serviettenhalter**.

Tipp

Bei richtiger Einteilung reicht ein Bogen Schriftpapier für einen Kartensatz. Bei diesem Papier sieht es schön aus, wenn es ringsherum mit transparentem, doppelseitigem Klebeband fixiert wird – es wirkt wie eine weitere Unterlegung.

Tischdeko

Weiße **Kugelkerzen**, 8 cm Ø, auf 14 cm große Glasteller stellen und transparente Glaslinsen um den Rand verteilen. Aus allen Papierresten kleine und große **Kreise** ausstanzen und je nach Belieben auf dem Tisch verteilen (s. Abbildung). **Drahtbälle** in Pink, 3 cm Ø, hinzufügen. Kleine **Blumensträuße** in der gleichen Farbgebung verkomplettieren die Tischdeko.

Karten

- Einsteckaufklappkarte in Pink, B6
- Pocketbriefumschlag, B6
- Einstecktasche in Pink, DIN Lang
- Perlmuttpapier in Weiß, DIN A4
- Glitterpapier in Weiß, DIN A4
- Textpapier „Konfirmation" in Weiß-Silber, DIN A4
- Papier in Pink, 160 g/m², DIN A4
- Papier in Pink, 100 g/m², DIN A4
- Kreuze in Weiß-Silber
- Motivstanzer „Kreis", 3,8 cm Ø
- Motivstanzer „Kreis", 4,5 cm Ø
- Abstandhalter, 2 x 2 mm
- Gelschreiber in Weiß
- Serviette in Dunkelpink, 33 x 33 cm

Tischkarte

6 x 12 cm großes Papier in Pink auf der kurzen Seite mittig falzen und durch beide Papiere mit dem großem Stanzer Kreise stanzen. Einen großen Glitterkreis in Weiß oberhalb des ausgestanzten Kreises aufkleben. Einen kleinen Kreis in Pink beschriften und versetzt mit Abstandhaltern hinzufügen. Eine Serviette in Dunkelpink, 33 x 33 cm, aufrollen und durch die Tischkarte schieben.

Einladung

Einen 2 x 15,5 cm großen Glitterpapierstreifen mittig und oben bündig auf die Einsteckaufklappkarte kleben. Drei große Kreise aus Glitterpapier stanzen, gleichmäßig auf dem Streifen verteilen und aufkleben. Drei kleine Kreise stanzen: einen in Pink, zwei mit Text, dabei darauf achten, dass der Text gerade in den Stanzer geschoben wird und einmal „Einladung zur" und das andere Mal „Konfirmation" lesbar ist. Die kleinen Kreise auf den weißen Kreisen fixieren (s. Abbildung), dabei den Kreis in Pink mit Abstandhaltern anbringen und mittig das Kreuz aufkleben. Den Text auf Perlmuttpapier drucken und entsprechend zuschneiden.

Menükarte

Einen 29,5 x 2 cm großen Glitterpapierstreifen 5,5 cm vom oberen Rand entfernt hinten auf die aufgeklappte lange Einsteckkarte kleben und die Faltungen nachfalzen. Vier große Kreise aus Glitterpapier stanzen. Drei Kreise jeweils mittig pro Kartenteil auf den Papierstreifen kleben, den vierten rechts unten auf die Einstecktasche (s. Abbildung).

Zwei kleine Kreise in Pink und einen kleinen Kreis mit Textpapier stanzen. Die Kreise in Pink mit Abstandhaltern auf die weißen Kreise vorn und innen unten aufkleben, den Textkreis auf die rechte Innenseite. Den Text auf Perlmuttpapier drucken, dabei auf Einteilung und Format achten.

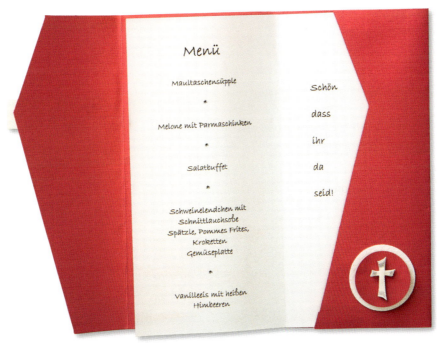

Halleluja

Einladung

Struktura-Papier in Pink, 21 x 21 cm, mittig falten. Aus Pappe eine 4 x 12 cm große Schablone anfertigen. Diese 4,5 cm vom unteren Rand entfernt und rechts bündig außen auf die geöffnete Karte legen und das Rechteck mit dem Cutter ausschneiden. Den Einladungstext zweimal quer auf DIN-A4-Papier in Orange drucken (Textbreite 11,5 cm), dieses auf 16,5 x 13 cm zuschneiden und linksbündig in die Karte kleben. Den Stempel in der Embossingtechnik mit Pulver in Silber Glitter auf Transparentpapier, 4 x 21 cm, arbeiten und dieses oben und unten in der Karte mit 0,5 cm Abstand zum rechten Rand festkleben. 21 cm Satinband 2 cm vom linken Rand entfernt auf der Vorderseite fixieren, darüber das Organzaband.

Menükarte

Den Stempel in der Embossingtechnik mittig auf zwei 6 x 21 cm große Transparentpapierstreifen arbeiten. Strukturapapier, DIN A4, quer legen und jeweils 6 cm vom äußeren und 4,5 cm vom oberen Rand entfernt zwei Fenster, 4 x 12 cm, mithilfe der Schablone von der Einladungskarte ausschneiden. Das bestempelte Transparentpapier rings herum von hinten in das Fenster kleben. Die Enden des Struktura-Papieres aufeinanderlegen und fünf Löcher möglichst gleichmäßig mit Locher oder Lochzange anbringen. Satinband von oben nach unten und von unten nach oben durchziehen und oben verknoten. 100-g-Papier in Orange mit dem Menüplan bedrucken, außen nach Belieben mit „Menü"-Klebern versehen, aufrollen und einschieben (s. Abbildung).

Karten

- 2 Papiere „Struktura" in Pink, DIN A4
- 2 Papiere in Orange, 100 g/m^2, DIN A4
- Papier in Orange, 160 g/m^2, DIN A4
- Transparentpapier in Weiß, 180 g/m^2, DIN A4
- Satinband in Orange, 3 mm breit, 91 cm
- Organzaband mit Webkante in Pink, 10 mm breit, 21 cm
- Stempel „Halleluja Licht des Lebens"
- Embossingstempelkissen in Transparent
- Embossingpulver in Silber Glitter
- Peel-off „Menü" in Silber
- Gelschreiber in Silber
- Serviette in Aubergine, 33 x 33 cm

Tischkarte

4 x 12 großes Strukturapapier etwas überlappend zu einer Rolle legen und mit kleinen Klammern zusammentackern. Transparentpapier, 2 x 8,5 cm, beschriften und auf Papier in Orange, 2 x 9,5 cm, kleben. Dieses mittig auf der Rolle fixieren. Die Serviette aufrollen und durch die Papierrolle schieben.

Tischdeko

Bei der Tischdeko die Farben wieder aufgreifen. Als **Tischband** dient hier 28 cm breites Metallic-Crackle in Lavendel, 8 cm breites Organzaband in Pink und 1 cm breites Organzaband mit Webkante in Pink. Dazu passen **Kerzen** in Silber und **Blumen** in Orange-Weiß.

Gegen den Strom

Karten
- Doppelkarte in Schiefergrau, 12 x 17 cm
- Briefumschlag in Schiefergrau oder Weiß, DIN B6
- Perlmuttpapier in Violett, DIN A4
- Fischprägekarton in Silber, DIN A4
- Transparentpapier in Weiß, DIN A4
- Papier in Schiefergrau, 160 g/m², DIN A4
- Motivstanzer „Fisch", 38 mm, 50 mm
- Stempel „Wir feiern meine Konfirmation", „Menü"
- Embossingstempelkissen in Transparent
- Embossingpulver in Weiß
- Abstandhalter, 2 x 2 mm
- Gelschreiber in Weiß

Einladung
Perlmuttpapier, 11 x 17 cm, mittig auf die Doppelkarte kleben. Zwei Streifen aus dem Fischprägekarton, 3,5 x 17 cm und 4 x 17 cm, anfertigen. Den schmaleren Streifen 1,7 cm vom linken Kartenrand entfernt aufkleben, den breiteren 1,2 cm vom rechten Rand der Karte. Jeweils drei Fische aus Perlmuttpapier und Fischprägekarton stanzen und leicht versetzt aufeinanderkleben, dabei die Farben abwechseln. Diese Doppelfische mit zwei bis drei Abstandhaltern versetzt nach unten aufkleben (s. Abbildung). Den Einladungsstempel mit weißem Pulver in der Embosssingtechnik auf weißem Transparentpapier arbeiten. Den Schriftzug mit leichtem Rand ausschneiden und unter die Fische bzw. unter die Abstandhalter schieben. Als Einlegepapier weißes Transparentpapier verwenden.

Tipp
Wenn Sie zuerst den Text drucken, können Sie die Reste des Transparentpapieres für die Stempeltechnik verwenden.

Menükarte
Schiefergraues Papier, 29,7 x 18,5 cm, von beiden Seiten jeweils 7 cm weit nach innen falten. Zwei 5,5 x 18,5 cm große Streifen aus Perlmuttpapier schneiden. Auf einen Streifen den Stempel „Menü" mit Embossingpulver in Weiß arbeiten und trocknen lassen. Die Streifen mittig links und rechts der Öffnung aufkleben (s. Abbildung). Perlmuttpapier, 14,5 x 18,5 cm, auf der Rückseite der Karte fixieren. Zwei, je 21 x 6 cm große Prägekartonstreifen 2,5 cm vom linken oberen und 3,5 cm vom unteren rechten Rand entfernt auf die schiefergraue Karte kleben – der Motivkarton läuft auf der Rückseite aus. Fische wie bei der Einladung anfertigen und versetzt mit Abstandhaltern aufkleben. Weißes Transparentpapier, 15 x 18 cm, einlegen.

Tischkarte
Fischprägekarton, 16,5 x 6 cm, am linken Rand nach 6,5 cm nach vorn falzen – Motivseite ist außen – und den Fisch ausstanzen. Perlmuttpapier, 9 x 5,5 cm, einkleben und seitlich den Namen und in die Fischlücke das Datum mit einem weißen Stift schreiben, dabei verändert sich die Farbe des Stiftes zum Flieder.

Tischdeko
Als **Tischläufer** Sizoweb in Grau, 30 cm breit, mittig mit Vivantband in Violett, 70 mm breit, belegen und nach Belieben mit Seidenbällen in Weiß und Grau, je 28 mm Ø, und weißen Stumpenkerzen, 7 x 10 cm, auf Schieferplatten dekorieren. Große und kleine Fische aus Prägekarton hinzufügen.
Als **Serviettenhalter** Vivantband in Violett, 7 x 10 cm, zusammenlegen und in der Mitte ein kleines Rechteck ausschneiden. Die Serviette, 33 x 33 cm, einmal öffnen, das Rechteck in der Ziehharmonikatechnik hin und her falten und die Serviette durch die Öffnung des Bandes schieben.

Kelch des Lebens

Karten
- Doppelkarte in Amarena, 12 x 17 cm
- Briefumschlag in Amarena, DIN B6
- Papier in Flieder, Schiefergrau, Amarena, 160 g/m², DIN A4
- Transparentpapier mit Motiven, DIN A4
- Perlmuttpapier in Flieder, DIN A4
- Papier in Flieder, 100 g/m², DIN A4
- Vivantband in Violett, 70 mm breit, 2x 7 cm
- Stempel „Einladung" mit Kelch, „Buffet"
- Embossingstempelkissen in Transparent
- Embossingstift in Transparent
- Embossingpulver in Schwarz, Silber mit Glitter
- Abstandhalter, 2 x 2 mm
- Satinband in Flieder, 3 mm breit, 22 cm

VORLAGE G1, Seite 55

Einladung & Menükarte

Von Vorlage G1 zwei Schablonen anfertigen. Diese 3,5 cm voneinander entfernt mittig auf die Vorderseite der Doppelkarte, 12 x 17 cm, übertragen und die Kreise ausschneiden. 6 x 17 cm großes Transparentpapier rechts bündig auf einen schiefergrauen Streifen, 6,5 x 17 cm, kleben und beides leicht überlappend auf einem 4 x 17 cm großen Streifen in Flieder fixieren. Die Kreise mit den Papierstreifen hinterkleben, dazu das Papier in Flieder an dem Falz anlegen. Den jeweiligen Stempel in der Embossingtechnik auf Perlmuttpapier, 6 x 6 cm, anbringen, dazu die beiden Pulver im Verhältnis 1:1 in einem kleinen Behältnis mischen. Das Papier auf 7 x 7 cm großes Vivantband kleben, dann mit Abstandhaltern nach Abbildung auf der Karte fixieren. Einlegepapier in Flieder verwenden.

Tischkarte

Aus Papierresten mithilfe der Schablone einen Kreis ausschneiden. Streifen in Transparent, 2,8 x 8 cm, in Grau, 3,3 x 8 cm, und in Flieder, 1,5 x 8 cm, wie oben aufeinanderkleben und mittig auf dem Kreis fixieren. Die Ränder anpassen. Den Kreis mit dem Embossingstift beschriften und mit der Pulvermischung einfärben, oben lochen und mit einem 22 cm langen Satinband über eine Serviette hängen. Für zusätzliche Kärtchen zum Hinstellen zwei Kreise ausschneiden, diese aneinanderlegen und mit doppelt so langen Papierstreifen verbinden.. Nach Wunsch beschriften.

Kerze

- Stumpenkerze in Weiß, 25 cm hoch, 8 cm Ø
- Wachsfolien in Elfenbein, Perlmutt, Antiksilber, Mattsilber
- Wachs-Zierstreifen in Silber, 1 mm, 2 mm
- Wachs-Perlstreifen in Silber, 2 mm
- Kerzen-Pens in Flieder, Lila
- Konturenpaste in Silber
- Motivlocher „Efeublatt"
- Borstenpinsel, 2 cm

VORLAGE G2, Seite 55

Kerze

1 Zuerst die elfenbeinfarbene Wachsfolie gestalten: Mit den Kerzen-Pens Farbe auftragen und mit dem Borstenpinsel Linien über die Wachsfolie ziehen. Mit der Konturenpaste weitere Linien nach Belieben aufbringen. Trocknen lassen.

2 Den Kelch aus der gestalteten Wachsfolie, die Hostie aus perlmuttfarbener Wachsfolie zuschneiden, dabei nach Vorlage G2 arbeiten. Beide Motive auf der Kerze anbringen und mit 1- bzw. 2-mm-Zierstreifen einfassen. Den oberen Kelchrand mit Perlstreifen verstärken, die Hostie mit dem Christusmonogramm belegen.

3 Die gewundenen Halme aus 1-mm-Zierstreifen legen. Die Blätter mit dem Motivlocher aus antiksilberner Wachsfolie herstellen und an einigen Halmenden festdrücken. Die Trauben aus mattsilberner Wachsfolie formen.

Einladung

Nach Vorlage H1 eine Schablone herstellen und damit die Rundung an dem dunkelbraunem Papier, 23,5 x 17 cm, mit dem Cutter ausführen. Am Ende des Bogens die Karte falzen. Den zweiten Knick von der anderen Seite aus nach 8,5 cm anbringen. Den Einladungsstempel in der Embossingtechnik vorn auf die Rundung (s. Abbildung) mit Pulver in Silber arbeiten. Auf der anderen Hälfte zuerst mit 0,5 cm Abstand zum Falz das Transparentpapier, 2 x 17 cm, aufkleben, dann nach je 0,5 cm die Strohseide, 5,5 x 17 cm, und das Vliesband, 6 x 17 cm, hinzufügen. Die Karte quer legen und 1,2 cm vom linken Rand entfernt das Schriftpapier, 4 x 11 cm, aufkleben. Das Innenleben in Pacific, 19 x 16 cm, entsprechend falzen und einlegen. Die Karte mit einem halben runden Klettverschluss schließen.

Karten

- Papier in Dunkelbraun, 160 g/m², DIN A4
- Briefumschlag, B6
- Doppelkarte in Dunkelbraun, 15 x 21 cm
- 3 Papiere in Pacific, 100 g/m², DIN A4
- Papier in Braun, 100 g/m², DIN A4
- Transparentpapier in Petrol, DIN A4
- Strohseidenpapier in Türkis, DIN A4
- Vliesband in Silber, 30 cm breit, 13 cm
- Schriftpapier in Transparent, DIN A4
- Klettverschluss, 12 mm Ø
- Stempel „Einladung zur Konfirmation"
- Embossingstempelkissen in Transparent
- Embossingpulver in Silber
- Peel-off-„Menü" in Silber
- Silberstift
- Strasssteine

VORLAGEN H1–H3, Seite 60

Menükarte

Eine Schablone nach Vorlage H2 anfertigen und auf die aufgeklappte Doppelkarte, 15 x 21 cm, und das bedruckte Einlegepapier in Pacific, DIN A4, legen. Die Rundung mit dem Cutter anbringen. Das Einlegepapier nicht mittig, sondern um 1 cm nach links versetzt falten. 0,5 cm vom linken Rand der Karte entfernt zuerst pacificfarbenes Papier, 4,5 x 21 cm, aufkleben, dann Strohseide, 2 x 21 cm, mit 2 cm Abstand und Schriftpapier, 4 x 21 cm, mit

5 cm Abstand zum linken Rand fixieren. Zuletzt das Vlies, 4 x 21 cm, 1 cm vom linken Rand entfernt hinzufügen – dies überschneidet das Schriftpapier um 2 mm. Peel-off-„Menü" auf der braunen Rundung fixieren.

Tischkarte

Nach Vorlage H3 eine Schablone für die Tischkarte, 17 x 6 cm, fertigen. Eine Tischkarte in Pacific ausschneiden und von rechts nach 10 cm falten. Dunkelbraunes Papier, 8 x 6,5 cm, innen bündig am Falz ankleben. Schriftpapier, 4,5 x 7,5 cm, vorn 0,5 cm vom linken Rand entfernt aufkleben. Die Namen mit Silberstift auf den äußeren Rand schreiben. Bei den männlichen Gästen das Datum, bei den weiblichen Gästen einen Strassstein auf der Rundung hinzufügen. Innen den Denkspruch auf das braune Papier schreiben (s. Abbildung).

Tischdeko

Die braune **Serviette**, 40 x 40 cm, einmal öffnen, eine blaue Serviette, 25 x 25 cm, mittig oben über den Falz legen. Die rechte Hälfte so mit der oberen Kante nach innen auf die mittlere Faltlinie legen, dass sich zwei Rundungen ergeben. Den linken Teil genauso arbeiten. Die Serviette hinstellen. Den Vliesstreifen, 3 x 25 cm, der Länge nach ca. 6 cm weit aufschneiden und den Schlitz über die Servietten stecken.

Auf den 10 x 16 x 0,6 cm großen **Holz-Aufsteller** für ein Reagenzglas, 2,5 cm Ø, zuerst braunes Papier, 10 x 2,5 cm, dann pacificfarbenes Papier, 10 x 4 cm, aufkleben. Strohseide, 10 x 2 cm, mittig auf dem Blau hinzufügen, darüber das Vliesband, 10 x 8 cm, und zuletzt hochkantig das Schriftpapier, 4,3 x 8,5 cm. Einen Vliesstreifen, 2 x 16 cm, durch eine Drahtkugel in Petrol, 3 cm Ø, ziehen und den Rosenstiel durch die Kugel ins Reagenzglas stecken.

Als **Tischband** Crackle-Vlies in Türkis, 28 cm breit, und Sizoweb in Dunkelbraun, 30 cm breit, überlappend auflegen. **Windlichter** mit türkisfarbener Spitzenoptik mit braunem Granulat und einer weißen Stumpenkerze füllen. **Streuteile** für den Tisch aus Papierresten herstellen. Dazu Schriftpapier, 4,5 x 7,5 cm, auf pacificfarbenes Papier, 4 x 7 cm, legen, die Enden zusammenführen und zusammentackern.

Schwimmende Fische

Karten
- 2 Papiere in Hellgrau, 160 g/m², DIN A4
- 2 Transparentpapiere „Fisch", DIN A4
- Glitterpapier in Blau, DIN A4
- Stempelset „Einladung zur Konfirmation"
- Acrylstempelblock, mindestens 4,5 x 8 cm
- Stempel „Menü"
- Embossingstempelkissen in Transparent

Einladung

Das graue DIN-A4-Papier auf 17 x 30 cm zuschneiden, quer legen, dann den linken Rand 11 cm weit nach vorn und den rechten Rand 9,5 cm weit nach hinten falzen. Zwei Felder quer bedrucken, danach die Karte zusammenlegen. Am besten die Faltungen der Karten und den Druck mit einfachem Papier ausprobieren. Einen 14 cm langen Schlitz mittig mit dem Cutter in dem zweiten Falz anbringen. Blaues Glitterpapier, 6 x 15,5 cm, links auf die Vorderseite kleben, dabei die Ränder gleichmäßig ausrichten. Den Stempel anfertigen. Dazu den Stempeltext aus der Silikonplatte des Stempelsets schneiden und auf den Acrylblock kleben. Den Text in der Embossingtechnik mit 3 cm Abstand vom oberen und 2 cm vom linken Rand entfernt auf 13,5 x 19 cm großes Transparentpapier stempeln. Das Transparentpapier links nach 1 cm mittig auf das Glitterpapier kleben, das Papier gemäß der Kartenfaltung nach hinten knicken und durch den Schlitz schieben.

Menükarte

Den linken Rand des 29,7 x 19,5 cm großen grauen Papiers 11 cm weit nach vorn, den rechten 10 cm weit nach hinten falzen. Die Karte bedrucken und falten. Den zweiten Falz mittig 17 cm weit einschneiden. 6 x 18,5 cm großes Glitterpapier in Blau 0,7 cm vom linken Rand entfernt mittig aufkleben. Den Stempel in der Embossingtechnik 1,8 cm vom linken Rand entfernt auf Transparentpapier, 16,5 x 21 cm, arbeiten. Das Papier festkleben, nach hinten knicken und durch den Schlitz schieben.

Kerzen

- Stumpenkerze in Weiß, 30 cm hoch, 6 cm Ø, 20 cm hoch, 7 cm Ø
- Wachsfolie „Antikstreifen" in Hellblau
- Wachsfolien in Silber, Enzian
- Wachs-Zierstreifen in Silber, 2 mm
- Klebemotive „Fische" in Silber, verschiedene Größen
- Silberdraht, 0,25 mm Ø
- Zierperlen in Weiß, Silber, Hellblau, verschiedene Größen

VORLAGE J, Seite 56

Kerze

Die hellblaue Wachsfolie nach Vorlage J in Streifen schneiden und auf der jeweiligen Kerze anbringen. Bei der Tischkerze zusätzlich das Dreieck nicht vergessen. Die Formen mit Zierstreifen entsprechend der Abbildung einfassen. Hierfür 2 mm breite Streifen aus silberner Wachsfolie zuschneiden und fertige Zierstreifen verwenden. Die silbernen Fische aufkleben. Die enzianblauen Fische und den Namen mit 1-mm-Wachsstreifen legen. 25 bis 30 Perlen in verschiedenen Farben und Größen auf Silberdraht fädeln und diesen fest um den unteren Bereich der Kerze wickeln, die Enden verdrehen.

Vorsicht! Den Draht von Beginn an richtig positionieren, häufiges Umwickeln verletzt Wachs und Motive.

Kleine Schiffe

Konfirmationskarte

Fotokarton in Lila, 7,5 x 12,5 cm, auf der Grundkarte fixieren. Nach der Vorlage K1 den Schiffsrumpf und die Segel aus Fotokartonresten zuschneiden. Bambushölzchen, 7,5 cm lang, der Abbildung entsprechend auf die Karte kleben. Schiffsrumpf und Segel mit 3D-Klebekissen der Abbildung entsprechend platzieren. Ein 90 cm langes Chiffonband in die Karte legen und oben zu einer Schleife binden. Auf diese Schleife noch eine Kordelschleife binden. Die Kordelenden verknoten. Schriftsticker und Motivsticker ergänzen.

Kommunionkarte

Fotokarton in Lila, 4,5 x 12 cm, und türkisfarbenen Fotokarton, 4 x 4 cm, zuschneiden und der Abbildung entsprechend auf der Grundkarte anbringen. Nach der Vorlage K2 die Schiffseinzelteile zuschneiden. Bambushölzchen, 2,5 cm lang, auf dem türkisfarbenen Quadrat befestigen. Schiffsrumpf und Segel platzieren. Chiffonband, 50 cm lang, in die Karte legen und oben zu einer Schleife binden. Schriftzug aufkleben.

Karten

- Karten in Türkis, Petrolgrün, B6
- Fotokarton in Lila, DIN A4
- Tonkartonreste in Weiß, Petrolgrün, Türkis
- Chiffonband in Petrolgrün, 5 mm breit
- Kordel in Lila, 2 mm Ø
- Schriftsticker „Zur Konfirmation", „Zur Kommunion" in Silber
- Motivsticker „Fisch" in Silber
- Bambushölzchen in Grün, 2 mm Ø
- Kleberoller
- Abstandhalter, 2 x 2 mm

VORLAGEN K1, K2, Seite 55

Tipp

Gefaltete Schiffchen sind originelle Tischkarten und Tischschmuck zugleich! Beide Karten können auch – mit „Menü"-Stickern versehen – als Menükarten verwendet werden.

Glitzerndes Kreuz

Karten
- Doppelkarte in Dunkelblau, 12 x 17 cm, 10 x 21 cm
- Briefumschlag in Dunkelblau, 13 x 18 cm
- 2 Papiere in Hellblau, 100 g/m², DIN A4
- Kristallmatte, selbstklebend, 10 x 10 cm
- Peel-off-„Einladung" in Silber
- Peel-off-„Menü" in Silber

VORLAGEN L1, L2, Seite 61

Einladung
Eine Schablone von Vorlage L1 aus stärkerem Papier anfertigen, innen auf die aufgeklappte Vorderseite der Doppelkarte legen und mit Cutter und Lineal die Ausschnitte anbringen. Einzelne Reihen (vertikal 36 Kristalle und horizontal je zehn Kristalle) von vorn mit dem Cutter von der Kristallmatte abschneiden und mithilfe eines Lineals als Kreuz in das blaue Kreuz kleben. Den Einladungs-Sticker neben dem Kreuz fixieren. Das hellblaue Einlegepapier auf 16 x 23 cm zuschneiden.

Tipp Mehrere Kreuze ausstanzen und als Streuartikel auf dem Tisch verteilen.

Menü
Eine Schablone von Vorlage L2 anfertigen und das Kreuz aus der Karte schneiden. Vertikal 42 Kristalle und horizontal je zehn Kristalle aus der Kristallmatte als Kreuz aufkleben. Den Schriftzug „Menü" neben dem Kreuz hinzufügen. Das hellblaue Einlegeblatt zuschneiden auf 19 x 20 cm.

Kerze

- Kerze „Indigo", 20 x 8,5 x 4,5 cm
- Wachsplatten in Hellblau, Dunkelblau
- Effekt-Wachsfolie in Silber-irisierend
- Wachsstreifen in Silber, 1 mm
- Perlstreifen in Silber, 2 mm

VORLAGEN L3–L5, Seite 56

Kerze

Vorlagen L3 und L4 aus Wachsplatten ausschneiden, Vorlage L5 dreimal anfertigen. Das Kreuz auf der Kerze anbringen und mit Perlstreifen verzieren. Die Strahlen aus Wachsstreifen fixieren. Die Quadrate aufdrücken und mit Perlstreifen einfassen. Für das kleine Kreuz je zwei 15 mm lange Streifen in Dunkelblau und Silber-irisierend ausschneiden, damit ein Kreuz legen und am Motiv anbringen. Das Schiff fixieren. Für die Wellen drei 2 mm breite Streifen aus Wachsplatten wellenförmig fest drücken.

Vorbereitung des Festes

Grundsätzliches

Die Kommunion oder die Konfirmation ist das Fest Ihres Kindes. Deshalb sollte es bei allen Vorbereitung beteiligt sein. Suchen Sie auch die Einladungs-, Menü- und Tischkarten zusammen mit Ihrem Sohn/Ihrer Tochter aus. Die Farben und das Symbol sollten seinem/ihrem Geschmack entsprechen.

Langfristige Planung

Der Termin wird in der Regel von der Kirchengemeinde etwa ein Jahr im Voraus festgelegt und so kann man schon zeitig mit den Vorbereitungen beginnen. Die folgende Liste hilft dabei.

Die Einladung

- Wer wird eingeladen? Möchte Ihr Sohn/Ihre Tochter neben der Verwandtschaft auch einen Freund oder eine Freundin einladen?
- Welche Einladungskarte wird genommen? Die Karten mindestens sechs bis zwölf Wochen vor der Kommunion/Konfirmation verschicken.

Die Feier

- Wie und wo wird gefeiert? Falls auswärts gefeiert wird, rechtzeitig einen passenden Veranstaltungsort finden.
- Wenn Sie Zuhause feiern, brauchen Sie Unterstützung bei der Durchführung des Festes, damit auch Sie den Tag genießen können. Gibt es eine Freundin oder Nachbarin, die Ihnen helfen kann, die Gäste zu bewirten?
- Ein Willkommens-Schild an der Eingangstür begrüßt die Gäste.
- Was wird gegessen? Natürlich sollte die Hauptperson das Menü mitbestimmen dürfen. Wird der Kuchen privat organisiert? Wenn am nächsten Tag noch Bekannte, Nachbarn usw. zum Gratulieren kommen, berücksichtigen Sie dies bei der Kuchenplanung. Rechnen Sie drei Stück Kuchen pro Person bei 16 Kuchenstücken. Jeder freut sich über kleine Kuchenstücke, da er dann verschiedene Kuchen probieren kann.
- Wie soll die Tischdeko aussehen? Wer dekoriert den Tisch und besorgt die Blumen? Schön ist es, wenn Tischdeko und Menükarte Motive und Farben der Einladungskarte aufgreifen.
- Fragen Sie Ihr Kind, ob es eine kleine Tischrede zur offiziellen Begrüßung halten möchte und helfen Sie beim Formulieren der Sätze. Will es diesen Part nicht übernehmen, überlegen Sie, wer dies sonst tun könnte. Sie können auch Omas oder Opas bitten, die schönsten Erinnerungen mit dem Kind zu erzählen.
- Wer fotografiert? Am besten vor dem Fest einen Fotografen bestimmen, damit klar ist, wer für die Fotos verantwortlich ist. Sonst kann es passieren, dass Sie nachher keine Fotos haben. Besprechen Sie mit dem Fotografen, wen und was er festhalten soll. Machen Sie Familienfotos, z. B. alle Mitglieder der Familie, alle Geschwister zusammen, die Hauptperson mit Oma und Opa oder Patentante und Patenonkel usw.
- Geschenke-Wünsche: Bitten Sie Ihr Kind, sich neben Geld ein paar kleine individuelle und persönliche Wünsche zu überlegen wie Kamera, Schmuck, Uhr, Spiele usw.

Kleidung und Frisur

- Das Festoutfit nicht zu lange vorher kaufen, denn sonst kann es passieren, dass Hose oder Ärmel des Kleides zu kurz sind. Beim Kleiderkauf berücksichtigen, dass die Temperaturen nicht unbedingt sommerlich sein werden! Deshalb an eine Weste oder einen Bolero denken.

- Schuhe mindestens zweimal vorher tragen lassen, damit sie etwas eingelaufen sind, denn der Festtag ist lang und Blasen gibt es schnell. Eventuell Ersatzschuhe ins Auto legen.

- Bei den Mädchen ist es sinnvoll, eine Ersatzstrumpfhose bzw. Feinstrumpfhose dabei zu haben.

- Wenn Ihr Kind eine besondere Frisur wünscht, rechtzeitig beim Friseur einen Termin ausmachen. Hochsteckfrisuren oder Flechtkreationen vorher einmal probieren, um zu sehen, ob die gewünschte Frisur auch die richtige ist.

- Sollte der Konfirmand oder das Kommunionskind einen schönen Schmuck (Halskette mit Kreuz, besondere Ohrringe oder Uhr) zur Erinnerung erhalten, wäre es schön, wenn dieser Schmuck gleich am Festtag getragen wird.

- Besonders harmonisch ist es, wenn die Lieblingsfarbe der Hauptperson nicht nur auf der Tischdeko erscheint, sondern auch in der Kleidung zum Vorschein kommt, sich z. B. bei Jungs im farblich passenden Hemd oder passender Krawatte widerspiegelt, oder bei Mädchen im Armband, Ohrring oder einer Ansteckblume usw.

Tipps zur Gestaltung des Tages

Damit dieser Festtag Ihrem Kind in bester Erinnerung bleibt, sollte es als Hauptperson im Mittelpunkt stehen.

- Es empfiehlt sich, schon morgens ein paar persönliche Fotos im Kreis der Familie, z. B. am Frühstückstisch oder vor dem Hauseingang, zu machen. Denn wenn Sie auswärts feiern, ist es vielleicht schon dunkel, bis Sie nach Hause kommen.

- Wunschbaum: Jeder Gast schreibt einen guten Wunsch oder ein Zitat für die Hauptperson auf ein Herz oder Blatt aus etwas dickerem Papier und hängt es an einen Strauß aus Zweigen oder einen kleinen Baum. Später werden die Sprüche von einer Person laut vorgelesen.

- Eine PowerPoint-Präsentation mit den schönsten Fotos Ihres Kindes von Geburt, Kindergeburtstagen, Kindergarten, Einschulung, bester Freundin, Schulfesten usw. zeigt seine Lebensgeschichte. Bauen Sie bewusst auch Babybilder von anderen Personen ein und lassen die Gäste raten, wer dies ist.

- Ein separater Tisch für Geschenke ist sehr nützlich. Darauf können Sie auch Fotoalben aus der Kinderzeit legen. Die Gäste können sich dann in Ruhe die Fotos anschauen. Auch ein separater kleiner Tisch für Kinder zum Spielen und Malen kann helfen, kleinere Kinder bei Laune zu halten.

- In einem Gästebuch kann jeder Gast unterschreiben und, wer Lust hat, noch mehr hinzufügen. Dafür eignet sich ein Fotoalbum passend zur Einladungskarte. Alternativ können Sie ein neutrales Album mit dem Restmaterial der Karten verzieren.

- Wörter raten: Notieren Sie Begriffe, die mit Ihrem Kind zu tun haben, z. B. Lieblingsessen, Schulname, Geburtsort, Freizeitbeschäftigung, Hobbies, Lieblingsfilm usw. Ändern Sie die Reihenfolge der Buchstaben und werfen Sie dieses Buchstabenchaos an eine Leinwand. Wer das Wort zuerst richtig sagt, darf in ein Körbchen mit Süßigkeiten greifen.

- Ratespiel: Dazu vorher in großen Buchstaben Begriffe aufschreiben, die auf mehrere Gäste zutreffen, z. B. Brillenträger, mit schwarzem Oberteil, Apfelsaftschorletrinker, aktive Fußballspieler und so weiter. Beim Spiel stellen Sie Ihr Kind so hin, dass es auf die Gäste schaut. Hinter ihm halten Sie einen der Begriffe hoch, alle Betroffenen müssen sich erheben und Ihr Kind muss die Gemeinsamkeit dieser Gruppe erraten.

Texte & Zitate

Karten beschriften am Computer

Da die Texte für die Einladungs- und Menükarten in größeren Mengen benötigt werden, vereinfacht es die Arbeit und spart viel Zeit, diese Texte am Computer zu schreiben. Es gibt viele Standartschriften, die dafür gut geeignet sind. Hier einige Beispiele:

Herzliche Einladung (Verdana)
Herzliche Einladung (Comic Sans MS)
Herzliche Einladung (Bookman Old Style)
Herzliche Einladung (Lucida Handwriting)
Herzliche Einladung (Monotype Corsiva)

Bei der Beschriftung die Schriftgröße, den Zeilenabstand und die Spaltenbreite der Größe der Karte anpassen. Am besten rechts und links mindestens 1,5 cm, oben und unten 2 cm Rand lassen, damit der Text nicht gequetscht wirkt. Schön sieht es aus, wenn der Text zentriert gesetzt ist.

Bei den Menükarten zur Übersichtlichkeit zwischen den einzelnen Gängen mehrere Leerzeilen Abstand lassen. Man kann in ihnen auch als Trennungszeichen Sterne, Punkte oder andere Sonderzeichen setzen.

Einladung

Am 25. Mai ist meine Konfirmation und ich möchte Dich herzlich dazu einladen. Der Gottesdienst beginnt um 11 Uhr in der Andreaskirche. Anschließend feiern wir bei uns zu Hause. Über Dein Kommen würde ich mich sehr freuen.

Ganz herzlich möchte ich Euch zu meiner Erstkommunion am Sonntag, den 11. Mai, einladen. Der Gottesdienst findet um 10 Uhr in der Herz-Jesu-Kirche statt. Zum anschließenden Mittagessen im Restaurant „Zum Hirschen" seid Ihr herzlich willkommen. Sagt mir bitte bis Mitte April Bescheid, ob Ihr kommen könnt. Es freut sich auf Euch

Anlässlich meiner Konfirmation am 22. Mai möchte ich Euch ganz herzlich zum Gottesdienst um 11 Uhr in der Marktkirche einladen. Anschließend gibt es bei uns zu Hause ein gemeinsames Mittagessen und später noch Kaffee und Kuchen. Ich würde mich sehr freuen, Euch zu meinen Gästen zählen zu dürfen. Gebt bitte Rückmeldung, ob Ihr kommen könnt.

Am 27. April feiere ich meine Erstkommunion. Dazu möchte ich Euch herzlich einladen. Die heilige Messe beginnt um 10 Uhr in der St.-Peter-Kirche. Danach gehen wir ins Restaurant „Giovanni" zum Mittagessen. Kaffee und Kuchen gibt es dann bei uns zu Hause.

Danksagungen

Durch Eure Glückwünsche und Aufmerksamkeiten wurde meine Kommunion zu einem wunderbaren Tag. Vielen Dank!

Schon seit langer Zeit habe ich einen großen Wusch. Durch Eure Geldgaben kann ich mir diesen Wusch erfüllen, dafür möchte ich mich recht herzlich bedanken.

Danke, dass mein Wunsch jetzt in Erfüllung gehen kann – Eure Geldgaben ermöglichen es mir.

Meine Konfirmation/meine Kommunion war ein besonders schöner Tag. Ich möchte mich bei allen bedanken, die mit mir gefeiert haben. Besonders habe ich mich über die vielen Geschenke und Gaben gefreut.

Für die vielen lieben Glückwünsche und Aufmerksamkeiten zu meiner Konfirmation möchte ich mich ganz herzlich bedanken. Der Tag war sehr schön!

Tipp Die Dankes-Karte mit einem Foto von der Kommunion/Konfirmation und dem Segenswunsch gestalten.

Sprüche & Zitate

Gott behüte deinen Ausgang und Eingang von nun an bis in Ewigkeit.
(Psalm 121,8)

Ich bin das Licht der Welt. Wer mir nachfolgt wird nicht wandeln in Finsternis, sondern wird das Licht des Lebens haben.
(Johannes 8,12)

Sei mutig und entschlossen. Gott ist bei dir, wohin du auch gehst.
(Josua 1,9)

Er hat seinen Engeln befohlen, dass sie dich behüten auf allen deinen Wegen.
(Psalm 91,11)

Ein Mensch sieht das, was er vor Augen hat. Gott aber sieht auch in das Herz.
(1 Sam 16,7)

Bei Gott ist mein Wohl und mein Selbstvertrauen, der Fels meiner Stärke, meine Zuversicht ist Gott.
(Psalm 62,8)

Wer Gott aufgibt, der löscht die Sonne aus, um mit einer Laterne weiter zu wandeln.
(Christian Morgenstern)

Dunkelheit kann Dunkelheit nicht vertreiben, nur Licht kann das. Hass kann Hass nicht vertreiben; nur Liebe kann das.
(Martin Luther King)

Christliche Symbole

Fisch
Das Fisch-Symbol entstand als Geheim- und Erkennungszeichen der ersten Christen, als diese von der römischen Regierung verfolgt wurden. Das griechische Wort für Fisch heißt „Ichthys". Schreibt man die griechischen Buchstaben untereinander, kann man mit den Anfangsbuchstaben die Wörter bilden: Jesus Christus, Sohn Gottes, Retter.

Wasser

Wasser ist das zentrale Symbol für das Leben und den Eintritt in die christliche Gemeinschaft. In der Taufe – früher durch Untertauchen – entsteht aus Wasser und Geist neues Leben. Die Wellenlinien, die das Wasser kräuseln, sind Zeichen der Vergänglichkeit und so Ausdruck der menschlichen Existenz.

Regenbogen
Der Regenbogen ist ein Zeichen der Hoffnung. Er symbolisiert die Verbindung zwischen Himmel und Erde sowie zwischen Gott und Mensch.

Aufgehende Sonne

Aufgehende Sonne und Morgenröte sind Bilder für den auferstandenen Christus, der in der Bibel als „Licht der Welt" bezeichnet wird.

Baum des Lebens

In der Paradieserzählung des Buches Genesis bedeutet der „Baum des Lebens" Fruchtbarkeit und Wachstum. Er steht in der Mitte des Garten Eden neben dem „Baum der Erkenntnis", von dessen Früchte Adam und Eva nicht essen durften.

Weiße Taube
Die weiße Taube ist ein Symbol für Neuanfang, Hoffnung, Glauben und Frieden sowie für ewige Liebe. In der Kirche wird die Taube hauptsächlich als Symbol für den Heiligen Geist verwendet.

Kreuz
Das lateinische Kreuz (Passionskreuz) ist das wichtigste Symbol des Christentums. Es symbolisiert den Opfertod Jesu Christi und steht damit für Auferstehung, Hoffnung und Erlösung. Die waagerechte Achse des Kreuzes versinnbildlicht die Verbundenheit des Menschen mit der Erde, die senkrechte Achse die Verbundenheit mit dem Göttlichen.

Christusmonogramm
Ein Christusmonogramm ist das miteinander verbundene XP (griechisch Chi-Rho). Das X und das P sind die ersten beiden Buchstaben des griechischen Wortes „Christus".

Alpha und Omega

Alpha und Omega sind der erste und der letzte Buchstabe des griechischen Alphabetes. Sie beziehen sich auf die Worte Jesu: „Ich bin das A und das O, der Erste und der Letzte, der Anfang und das Ende."

Brot, Wein und Kelch

Ähren (Brot als Leib Christi) und Trauben (Wein als das Blut Christi) gehen zurück auf das letzte gemeinsame Mahl, das Jesus am Abend vor seinem Tod mit seinen Jüngern gehalten hat. Dabei hat Jesus das Brot und den Wein mit seinen Jüngern geteilt als Zeichen dafür, dass er von Gott zu den Menschen gesandt wurde. Der Kelch symbolisiert das Trinkgefäß des heiligen Abendmahls.

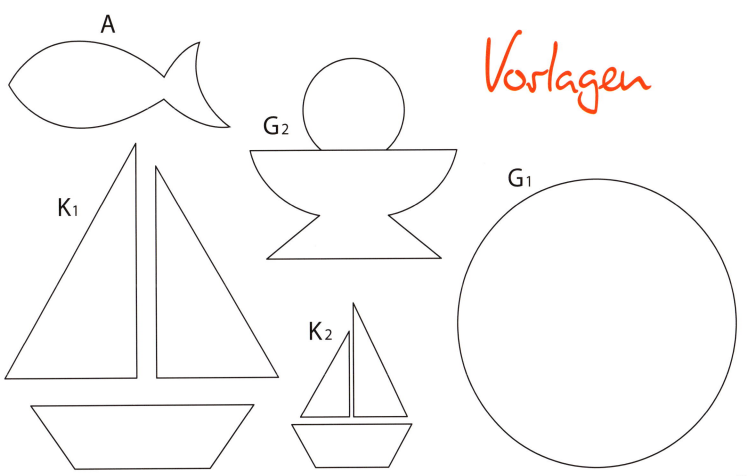

Vorlagen

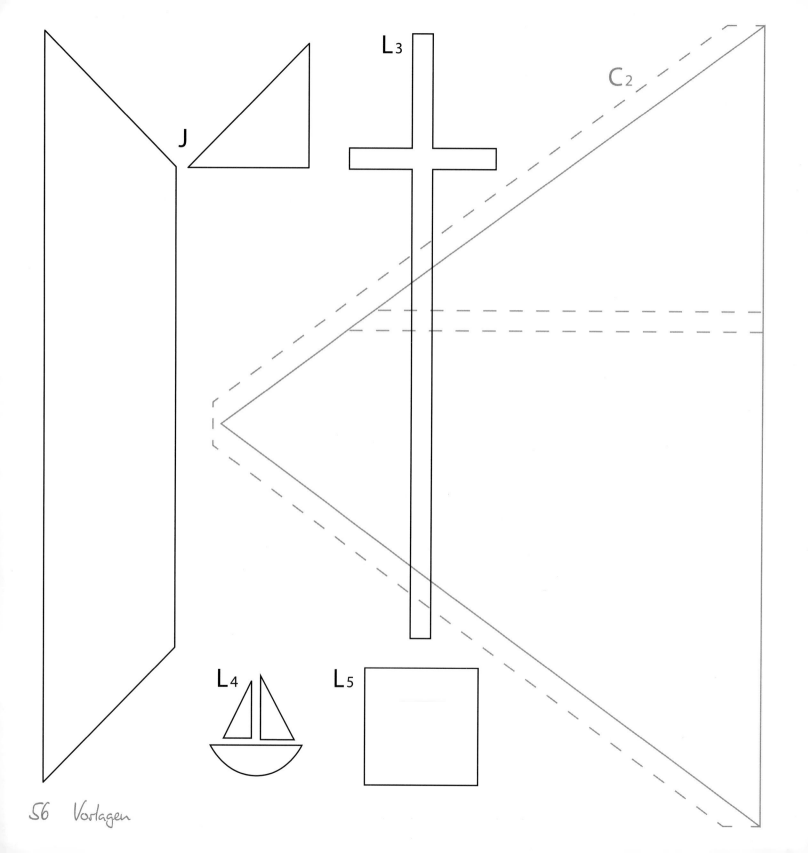

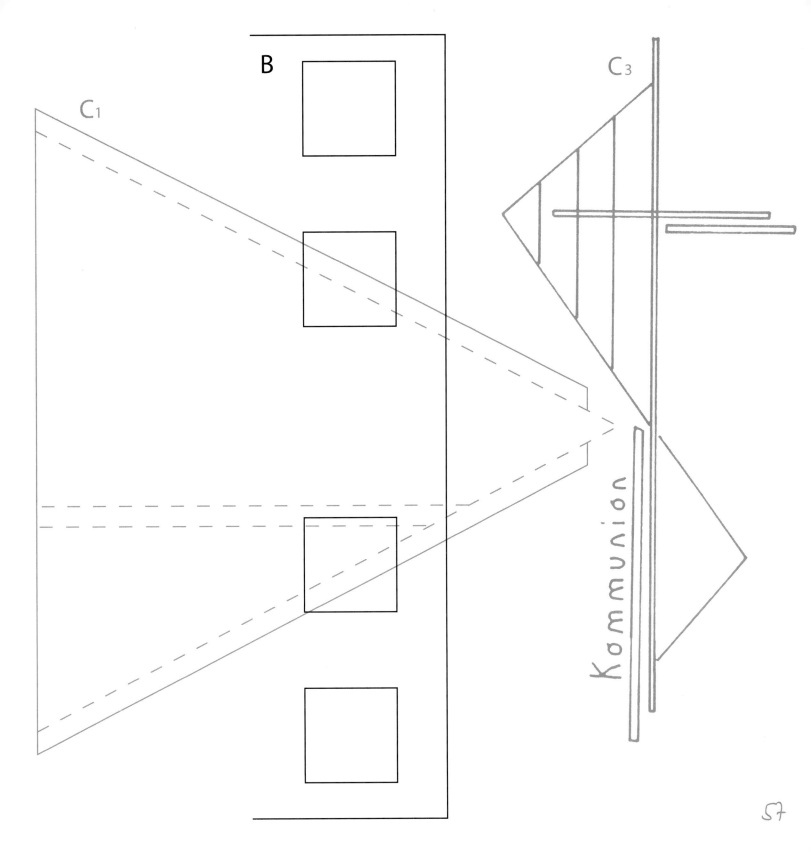

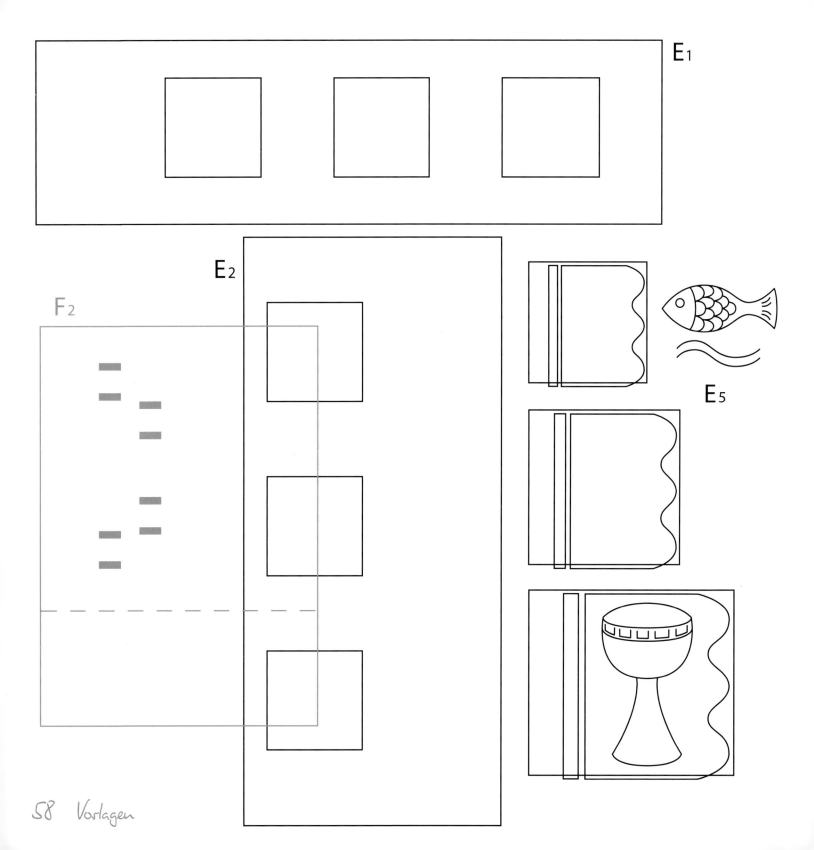

58 Vorlagen

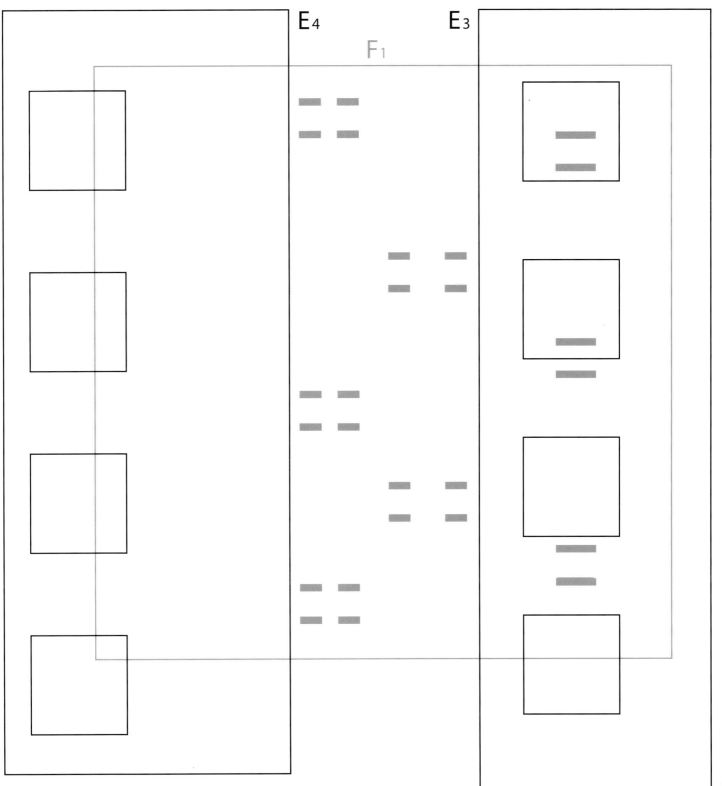

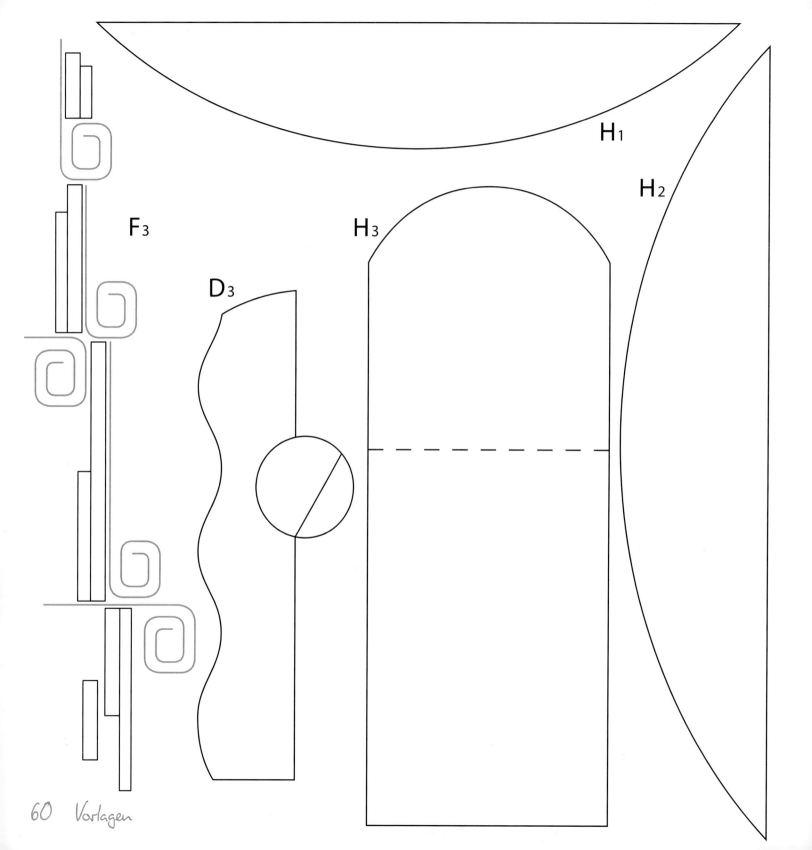

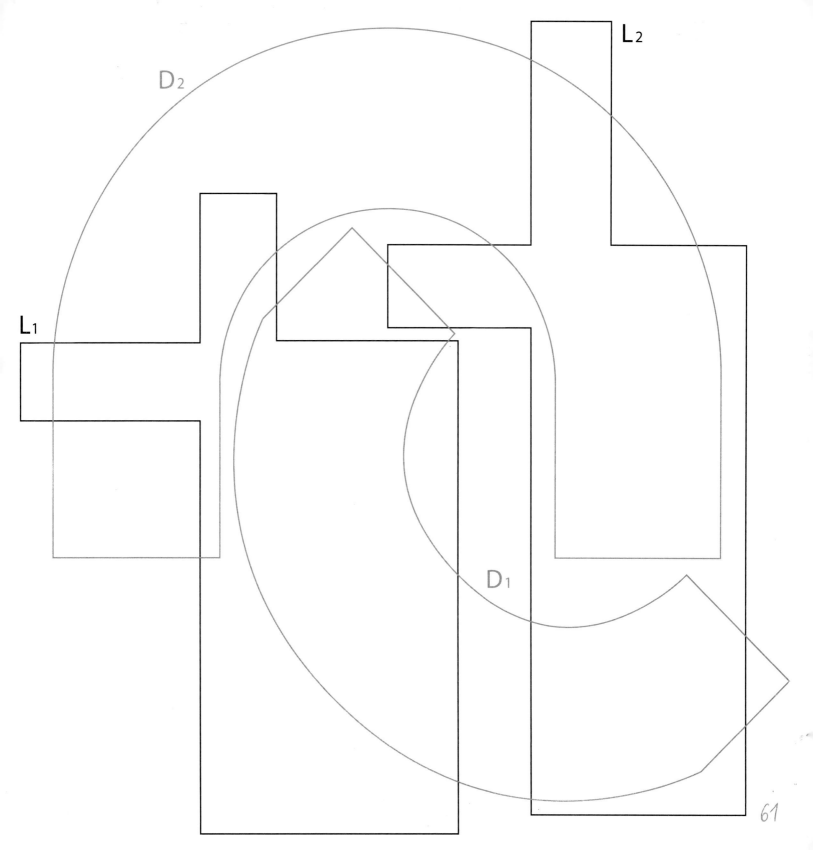

Impressum

Autorinnen:
Marion Dawidowski, Kerzen Seiten 13, 17
Monika Fischer, Seiten 46/47
Maria Juen, Landeck, Kerze Seite 49
Kornelia Rempfer, Kerzen Seiten 23
Ulrike Seeger, Seiten 10–45, 48–51
Ingrid Weitenthaler, Kerzen Seiten 19, 25, 39, 45

Lektorat: Irmgard Böhler, Wiesbaden

Fotos und Styling: Roland Krieg, Waldkirch
Titelbild: Uli Glasemann, Offenburg

Gesamtgestaltung: GrafikwerkFreiburg
Reproduktion: Meyle + Müller GmbH & Co. KG, Pforzheim
Druck und Verarbeitung: Gruppo Editoriale Zanardi SRL, Italy

ISBN 978-3-8388-3504-4
Art.-Nr. CV3504

© 2014 Christophorus Verlag GmbH & Co. KG
Freiburg

Alle Rechte vorbehalten

Alle gezeigten Modelle, Illustrationen und Fotos sind urheberrechtlich geschützt. Jede gewerbliche Nutzung ist untersagt. Dies gilt auch für eine Vervielfältigung bzw. Verbreitung über elektronische Medien.
Autorinnen und Verlag haben alle Angaben und Anleitungen mit größtmöglicher Sorgfalt zusammengestellt. Dennoch kann bei Fehlern keinerlei Haftung für direkte oder indirekte Folgen übernommen werden.
Der Verlag übernimmt keine Gewähr und keine Haftung für die Verfügbarkeit der gezeigten Materialien.

Herstellerverzeichnis:
Artoz Papier AG
Buntpapierfabrik Ludwig Bähr GmbH & Co. KG
Heyda, Baier & Schneider GmbH & Co. KG
HobbyFun GmbH & Co. KG
Rayher Hobby GmbH
Rössler Papier GmbH & Co. KG
H. Truttenbach Zierbandfabrik

Alle Materialien sind im Hobbyfachhandel erhältlich.

Bei Fragen zu Material und Techniken können Sie sich auch direkt an Frau Seeger wenden: ambiente.freudenstadt@t-online.de

Kreativ-Service

Sie haben Fragen zu den Büchern und Materialien? Frau Erika Noll ist für Sie da und berät Sie rund um alle Kreativthemen. Rufen Sie an! Wir interessieren uns auch für Ihre eigenen Ideen und Anregungen. Sie erreichen Frau Noll per E-Mail: **mail@kreativ-service.info** oder Tel.: **+49 (0) 5052 / 91 18 58** Montag bis Donnerstag: 9–17 Uhr / Freitag: 9–13 Uhr

Besuchen Sie uns im Internet: www.christophorus-verlag.de